¿Quién fue
Benjamín Franklin?

¿Quién fue
Benjamín Franklin?

Dennis Brindell Fradin
Ilustraciones de John O'Brien

loqueleo

Para mis dos admiradores más fervientes: mi padre,
Myron Fradin, y mi suegro, Harold Bloom.
D.B.F.

Para Tess.
J.O'B.

loqueleo

Título original: *Who Was Benjamin Franklin?*
© Del texto: 2002, Dennis Brindell Fradin
© De las ilustraciones: 2002, John O'Brien
© De la ilustración de portada: 2002, Nancy Harrison
Todos los derechos reservados.

Publicado en español con la autorización de Grosset & Dunlap, un sello de Penguin Young
Readers Group, una división de Penguin Random House LLC.
Who HQ™ y todos los logos relacionados son marcas registradas de Penguin Random
House LLC.

© De esta edición:
2019, Vista Higher Learning
500 Boylston Street, Suite 620.
Boston, MA 02116-3736
www.vistahigherlearning.com
www.loqueleo.com/us

Loqueleo es un sello del **Grupo Editorial Santillana.** Estas son sus sedes:

ARGENTINA, BOLIVIA, CHILE, COLOMBIA, COSTA RICA, ECUADOR, EL SALVADOR, ESPAÑA,
ESTADOS UNIDOS, GUATEMALA, MÉXICO, PANAMÁ, PARAGUAY, PERÚ, PUERTO RICO,
REPÚBLICA DOMINICANA, URUGUAY Y VENEZUELA.

¿Quién fue Benjamín Franklin?
ISBN: 978-1-63113-851-5

Todos los derechos reservados. Esta publicación no puede ser reproducida, ni en todo ni en parte,
ni registrada en o transmitida por un sistema de recuperación de información, en ninguna forma ni
por ningún medio, sea mecánico, fotoquímico, electrónico, magnético, electroóptico, por fotocopia o
cualquier otro, sin el permiso previo, por escrito, de la editorial.

Published in the United States of America.
1 2 3 4 5 6 7 8 9 GP 24 23 22 21 20 19

Índice

¿Quién fue Benjamín Franklin?... 1

Un relámpago en una botella 3

El joven Ben 12

Fugitivo 23

Ben Franklin, impresor 33

Hacer el bien 48

La Guerra de Independencia 69

La creación de un nuevo país 80

Sale el sol 96

¿Quién fue
Benjamín Franklin?

Benjamín Franklin fue un hombre muy talentoso.

Fue un estadista. Quizás sólo George Washington hizo más que Ben Franklin para liberar a Estados Unidos del poder de Inglaterra.

Fue científico. Descubrió, entre otras cosas, la naturaleza de los relámpagos.

Fue inventor. Gracias a él, tenemos los pararrayos y los anteojos bifocales.

Fue escritor. Escribió un famoso libro acerca de sus experiencias, y todavía

se usan varios de sus propios dichos. Por ejemplo, "con prisa no se logra nada".

Ben hizo muchas cosas más durante su larga vida. Fundó el primer hospital general de la nación. Inició una de las primeras bibliotecas del país. Ayudó a crear el Servicio Postal de Estados Unidos.

Hizo tantas cosas que muchos decían que tenía poderes mágicos. Sin embargo, Ben era una persona de carne y hueso. De hecho, con frecuencia se sentía triste. De niño, huyó de su casa porque lo golpeaban. Más adelante, tuvo que vivir separado de su esposa. Y las disputas políticas lo enemistaron con su propio hijo.

Ésta es la verdadera historia de Benjamín Franklin, el estadista, el científico, el inventor, el escritor y el ser humano.

Capítulo 1
Un relámpago en una botella

Un día de junio de 1752, una tormenta se acercaba a Filadelfia. El cielo estaba gris cuando los primeros truenos hicieron vibrar las ventanas. La gente corrió a meterse en sus casas. Sin embargo, en la vivienda que estaba en la esquina de las calles Race y Second, dos personas se alistaban para *salir*. Una de ellas era Benjamín Franklin, de 46 años. La otra era su hijo William, "Billy", de 21.

COMETA DE SEDA

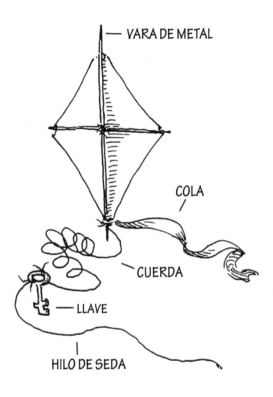

Billy tomó la cometa que su padre había hecho para un día de tormenta, precisamente como aquel. Era un poco rara: una vara de metal salía de la parte superior de la cometa y al final de la cuerda había

una llave de metal
amarrada. Ben tomó una
botella de vidrio y la metió debajo
de su abrigo. Salieron corriendo bajo
la lluvia con la cometa y la botella hasta
que llegaron a un campo abierto.

Billy corrió por el campo tres veces,
tratando de hacer volar la cometa. Al
fin, el viento hizo su parte.

La cometa se elevó rápidamente, hasta convertirse en
una mancha entre las nubes.

Billy le pasó a su padre la cuerda de la cometa,
y juntos se metieron en un cobertizo
cercano a esperar.

Ambos estaban emocionados, y asus-
tados. Con la ayuda de su hijo, Ben tra-
taba de encontrar la respuesta a
una vieja pregunta: ¿Son

electricidad los relámpagos? Ben sospechaba que sí. Esperaba poder comprobarlo con este experimento.

Ben creía que los relámpagos se producían por una carga de electricidad en los nubarrones.

Ahora esperaba que la vara metálica de su cometa atrajera la electricidad de una nube. La electricidad bajaría por la cuerda hasta llegar a la llave. Se produciría una chispa, que Ben podría sentir. Sin embargo, el experimento era peligroso. Si un rayo muy fuerte caía en la cometa, la corriente podía matar a Ben, e incluso a Billy.

El destello de un relámpago se vio cerca de donde estaban, y Ben tocó la llave, pero no sintió nada. Intentó de nuevo. Seguía sin sentir nada. Por fin, la tormenta parecía estar ya encima de ellos. Ben y Billy contuvieron la respiración cuando una nube negra se tragó la cometa. Benjamín apretó la llave. Nada. De repente, sintió un hormigueo. Había

sentido choques parecidos en su laboratorio. Una chispa de la nube había electrificado la cometa. La corriente bajó por la cuerda húmeda y llegó hasta la llave, donde Ben la pudo sentir. Con la ayuda de Billy, ¡Ben había demostrado que los relámpagos son electricidad!

Botella de Leyden

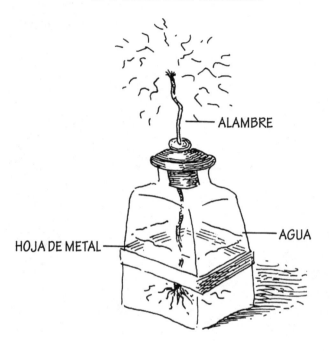

Sin embargo, aún no habían terminado. Ben sacó la botella del abrigo. Era una botella de Leyden y servía para guardar electricidad. De la boca de la botella salía una vara metálica, que Ben tocó con la llave. La electricidad pasó de la llave al interior de la botella. Una vez que guardó la electricidad en la botella, recogió la cometa, y junto con su hijo, regresaron a casa con la cometa y la botella llena de electricidad.

Las noticias acerca del experimento se difundieron. Benjamín Franklin se volvió famoso por demostrar que los relámpagos son electricidad. Sin embargo, no estaba satisfecho. Quería hacer algo para reducir el peligro de la electricidad. En poco tiempo, inventó el pararrayos. Una vara metálica se ponía en el techo de un edificio. Cuando los relámpagos caían sobre la vara, la electricidad corría hacia la tierra a través de un

alambre. El edificio y las personas que estaban dentro no sufrían ningún daño.

Ben puso un pararrayos en su casa. A finales de 1752, otros edificios de Filadelfia, incluyendo el Capitolio estatal, también los tenían. Después se instalaron pararrayos en todo el mundo.

El experimento de la cometa convirtió a Ben en un científico famoso. Su pararrayos lo convirtió en un inventor famoso. Le llovieron

medallas y premios. Muchos decían que era un mago o un hechicero por haber aplacado el peligro de los relámpagos.

Las personas que lo conocían se reían cuando escuchaban esos comentarios. Para ellos, aquel inventor era el mismo Ben que conocían de toda la vida. Sin lugar a dudas, era brillante, pero, definitivamente, era un hombre, no un hechicero.

Capítulo 2
El joven Ben

Benjamín Franklin nació en una casa de la calle Milk, en Boston, Massachusetts, el 17 de enero de 1706. Estados Unidos no existía todavía. Massachusetts pertenecía a Inglaterra. Era una de las trece colonias que aquel país tenía en América.

Ben tenía una familia grande, ¡*muy* grande! Era el hijo número 15 de una pareja con 17 niños. Como sucedía con frecuencia en ese entonces, cuatro de esos niños murieron muy pequeños. Sus padres, Josiah y Abiah Franklin, no eran ricos. Sin embargo, salían adelante. Josiah tenía una tienda llamada *Blue Ball*, donde vendía velas y jabones que él mismo hacía. Al lado estaba la casa de la familia, con tan sólo dos habitaciones abajo y dos arriba.

El pequeño Ben dormía en la misma cama con uno o dos de sus hermanos.

Josiah y Abiah querían que Ben se convirtiera en ministro de la iglesia. Sin embargo, Ben tenía dos cosas en su contra. Primero, había nacido un domingo. Se creía que los bebés nacidos en domingo eran hijos del diablo. Además, era zurdo. Esto también se consideraba una marca del diablo. Su padre lo castigaba cada vez que lo veía lanzando una pelota o escribiendo con la mano izquierda. No sirvió de nada. Ben fue zurdo toda su vida.

Había algo más que hacía dudar a sus padres

de la capacidad de Ben para ser un buen ministro: siempre quería dárselas de listo. Por ejemplo, su padre decía una larga oración  todas las noches antes de la cena. Un día, mientras guardaba unos peces en un barril, Ben le sugirió  que rezara por todos esos peces de una sola vez. ¡Así no perdería tiempo rezando todas las noches! Ben recibió una bofetada por su "brillante idea".

Ben comenzó la escuela a los 8 años, y sólo asistió durante dos años. Tenía problemas con la aritmética, pero le iba bien en escritura y lectura. Le encantaban los

libros. Leyó los pocos que tenían en casa. Luego tomó prestados los libros de sus vecinos. Con frecuencia se pasaba la noche en vela, leyendo.

También le gustaba hacer cosas al aire libre. Sus deportes favoritos eran nadar y hacer volar cometas. Su primer invento fue para nadadores. Eran cuatro remos que se colocaban en las manos y los pies para nadar más rápido.

Ben siempre estaba buscando maneras nuevas de hacer las cosas. Una vez, en un día ventoso, estaba con un amigo haciendo volar una cometa. Cuando llegaron a un lago a Ben se le ocurrió una idea. Se quitó la ropa y se la dio a su amigo. Luego se tendió de espaldas sobre el agua, agarrándose de la cometa. ¡La cometa, impulsada por el viento, lo remolcó por todo el lago!

Ben decidió que de grande iba a ser marinero, pero sus padres no querían que fuera al mar. En aquellos días, pocos niños permanecían en la escuela por largo tiempo. Cuando cumplió 10 años, sus padres lo sacaron de la escuela y lo llevaron a trabajar en la tienda. Tenía que cortar mechas y echar la cera derretida en los moldes de las velas.

Josiah esperaba que algún día Ben se hiciera cargo de la tienda. Sin embargo, Ben detestaba hacer velas. Pasaron dos años, pero nada cambió. A Ben seguía sin gustarle el trabajo. No iba a seguirle los pasos a su papá.

Sus padres decidieron que Ben tenía que convertirse en aprendiz. Era algo común para los muchachos en tiempos coloniales.

Un aprendiz trabajaba, sin paga alguna, para un artesano especializado. A cambio, el artesano le enseñaba su oficio. Al cabo de unos siete años, el joven estaría listo para ganarse la vida con ese oficio.

Pero, ¿qué oficio debería aprender Ben?

Josiah lo llevó a diferentes talleres. Visitaron a un carpintero y a un albañil. Visitaron a un latonero.

También fueron a ver a un alfarero y a un fabricante de cubiertos. Nada le llamaba la atención a Ben.

A sus padres se les ocurrió otra idea. Ben tenía un hermano nueve años mayor que él. Se llamaba James y tenía una imprenta. Ya tenía un par de aprendices, pero necesitaba más ayuda. Ben no quería trabajar para su hermano. Sin embargo, aquello sonaba mejor que poner ladrillos o hacer cubiertos. Además, su padre ya no iba a aceptar que rechazara otro trabajo.

Fue así como, en 1718, a los 12 años de edad, Ben se convirtió en aprendiz de su hermano James. Se firmó un contrato. Ben tendría que trabajar para James durante nueve años, hasta que cumpliera 21 años.

Capítulo 3
Fugitivo

Ben dejó su casa y se fue a trabajar a la imprenta de su hermano. James le enseñó a componer textos. Ben aprendía rápido, así que en poco tiempo ya estaba imprimiendo folletos y canciones.

James, como maestro, tenía que pagar la comida y el hospedaje de su aprendiz. Ben se mudó con una familia, donde vivían los otros aprendices de James. James le pagaba a la familia por la alimentación y el alojamiento de Ben.

A Ben se le ocurrió una idea para conseguir algo de dinero. Le propuso a James que le diera el dinero de su alimentación, en lugar de pagárselo a la familia

donde vivía. Ben se las arreglaría para comer por su cuenta con apenas la mitad del dinero. A cambio, Ben podría quedarse con el dinero que le sobrara. James aceptó el trato.

El joven aprendiz encontró un libro de recetas con verduras. Dejó de comer carne. Vivía de arroz, papas cocidas y una papilla de maíz llamada "pudín rápido". Para sorpresa de su hermano, Ben pudo ahorrar dinero, que después gastaba en libros.

A Ben le gustaba leer poesía y decidió escribir algunos poemas. En noviembre de 1718, mataron a un pirata conocido como Barbanegra. Benjamín escribió un poema al respecto que comenzaba así:

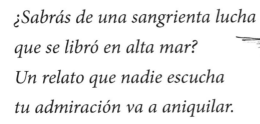

*¿Sabrás de una sangrienta lucha
que se libró en alta mar?
Un relato que nadie escucha
tu admiración va a aniquilar.*

James imprimió los poemas de Ben, y lo mandó a la calle a venderlos. Un poema sobre un ahogado,

llamado "La tragedia del faro", se volvió famoso. Muy pronto, todo Boston comenzó a hablar del poeta de 12 años de edad.

Como parte de su trabajo, Ben ayudaba a imprimir el *Boston Gazette*. Éste fue uno de los primeros periódicos que existió en lo que hoy es Estados Unidos. Luego, en 1721, James creó su propio periódico, el *New England Courant*. Ben lo imprimía y repartía las copias.

Ben disfrutaba de su trabajo, pero su hermano era un maestro muy severo. James quería demostrarles a los demás aprendices que no tenía preferencia por Ben. Cuando Ben se equivocaba, James lo golpeaba. Ben le replicaba. Entonces, James lo golpeaba más todavía.

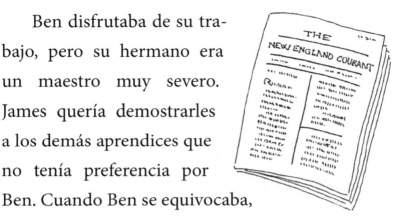

Para el Día de los Inocentes, en abril de 1722, Ben decidió gastarle una broma a su hermano. Comenzó a escribir artículos humorísticos sobre la vida en Boston. No los firmó con su nombre, sino que se inventó un nombre de mujer: Silence Dogood.

En la noche, metía los artículos por debajo de la puerta de la imprenta. A James le gustaron

tanto, que los publicó en el *Courant* durante seis meses. Los bostonianos se preguntaban *quién era* Silence Dogood. Ben incluso escuchó a su hermano hablando de Silence con sus amigos. Por fin, en el otoño de 1722, Ben confesó que *él* era Silence Dogood. La mayoría de los lectores se rieron, pero James se puso furioso por haber sido engañado.

Por aquellos días, James Franklin estaba metido en problemas. Había criticado a los funcionarios ingleses que gobernaban Massachusetts. A causa de sus artículos en el *Courant*, estuvo encarcelado por un mes. Sin embargo, eso no lo detuvo. A comienzos de 1723, el gobierno expidió una orden por la cual se le prohibió volver a imprimir el *New England Courant*.

James pensó en una manera de burlar la orden. Se le ocurrió registrar a Ben, su hermano de 17 años de edad, como el editor del *Courant*. Secretamente, James le diría a Ben lo que tenía que hacer. ¿Y qué pasaría si le preguntaban cómo era posible que un aprendiz pudiera dirigir un periódico? James también tenía una respuesta para eso. Creó unos documentos que decían que Ben había terminado su entrenamiento y que ya podía trabajar por cuenta propia. También hizo otro documento secreto. Según éste, Ben tenía que trabajar como aprendiz suyo por cuatro años más.

El plan funcionó por un tiempo. El problema surgió porque Ben quería de verdad ser el editor. Sentía que era capaz de dirigir el periódico y no le gustaba ser la marioneta de su hermano. Los dos hermanos se peleaban más que nunca. James solucionaba los desacuerdos golpeando a Ben.

Llegó el día en que las golpizas eran tan frecuentes, que Ben decidió escapar. Un aprendiz fugitivo podía recibir un castigo, si lo atrapaban.

Un aprendiz

Algunos aprendices comenzaban a los 7 u 8 años.

No se les pagaba, pero aprendían un oficio.

Al cabo de unos 7 años, el aprendiz estaba listo para un trabajo asalariado.

Sin embargo, Ben pensaba que James no intentaría buscarlo. Si lo hacía, Ben podía revelar el plan que había hecho James para publicar el periódico, y éste podía ir a la cárcel nuevamente.

Un amigo suyo lo ayudó a esconderse en un barco. En el otoño de 1723, Ben abordó el barco con apenas unas pocas monedas en el bolsillo. Al cabo de tres días, estaba en la Ciudad de Nueva York, a 200 millas de su casa.

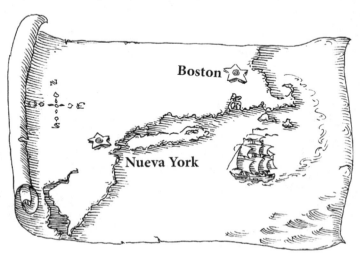

Capítulo 4
Ben Franklin, impresor

Como Ben había supuesto, James no intentó buscarlo. Pero Ben no pudo conseguir trabajo en ninguna imprenta de Nueva York. Se marchó a Filadelfia, Pensilvania, haciendo la mitad del viaje en bote. Luego, caminó las otras 50 millas.

Ben llegó a Filadelfia cansado y sucio. Llevaba la ropa extra en los bolsillos de la chaqueta. Tenía hambre, así que compró tres panes en una panadería. Puso dos panes

en los bolsillos y se llevó el otro a la boca. Una chica llamada Deborah Read lo vio pasar desde la puerta de su casa, y estalló en carcajadas.

Ben alquiló una habitación en la casa de Debby. Encontró trabajo con un impresor. Era tan bueno, que en poco tiempo estaba a cargo del negocio.

El gobernador de Pensilvania vio el trabajo que hacía Ben, y quedó impresionado. El gobernador le ofreció ayuda para crear su propio negocio. Le prometió pagarle los gastos si viajaba a Inglaterra a comprar los implementos de la imprenta.

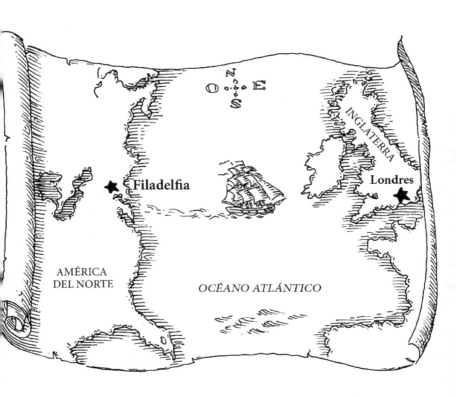

Londres

El joven impresor se emocionó mucho con el ofrecimiento. Se embarcó a finales de 1724 y llegó a Londres en la víspera de Navidad. Pero las promesas del gobernador se quedaron en palabras. Nunca envió el dinero. Dejó a Ben abandonado en Inglaterra, a 3,000 millas de su hogar.

Ben se las arregló. Encontró trabajo en una imprenta de Londres. Durante el año y medio que permaneció en Inglaterra aprendió aún más sobre impresión. También conoció a científicos y escritores famosos. En 1725, con tan sólo 19 años de edad, Ben escribió e imprimió un folleto sobre religión.

Por diversión, nadaba en el río Támesis. En una ocasión, nadó más de tres millas para ganar una apuesta. Mientras la multitud lo observaba, a Ben se le ocurrió una idea. Se quedaría en Inglaterra a montar una escuela de natación. Por fortuna para Estados Unidos, después cambió de idea.

Ben regresó a Filadelfia en el otoño de 1726. Trabajó para un impresor durante un tiempo. Luego, en 1728, montó su propia imprenta. Al año siguiente, comenzó a publicar su propio periódico. Se llamaba *The Pennsylvania Gazette*. Ben era el editor, el impresor y el reportero estrella. Dibujó una de las primeras tiras cómicas que aparecieron en un periódico americano. Su periódico fue además uno de los primeros en incluir un mapa en un artículo.

La imprenta en los tiempos coloniales

El cajista coloca los tipos sobre una caja o barra llamada componedor y luego los traslada a una bandeja llamada galera. Las galeras se pasan al impositor, quien las sujeta bien apretadas, armando lo que se llama una forma. La forma se entrega entonces al prensista, que la coloca sobre la mesa de imponer. Los tipos se entintan con mazos.

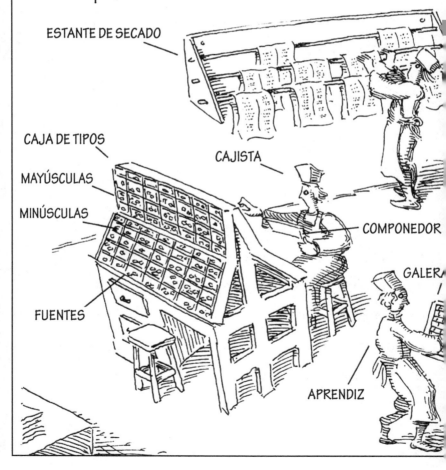

El papel humedecido se coloca en el tímpano, se sujeta con la frasqueta y se tiende sobre los tipos entintados. Después, el tablero se hace rodar por debajo de la platina y el prensista baja una palanca que presiona el papel sobre los tipos.

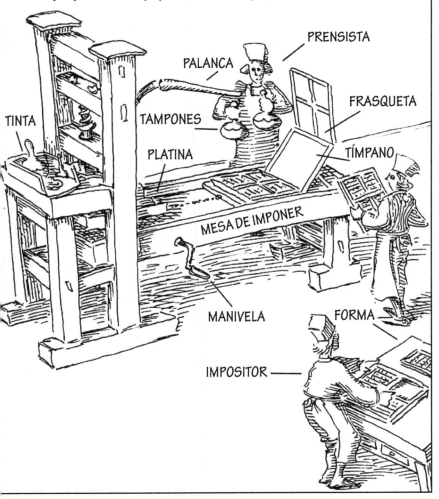

Además de noticias, su periódico ofrecía chistes y acertijos. Cuando había poco que contar, Ben inventaba "noticias". Por ejemplo, una vez contó la

historia de un hombre que iba en canoa con su esposa y su violín. La canoa se volcó. La esposa no sabía nadar, y el hombre, según reportó Franklin, salvó su violín y dejó que su mujer se hundiera. Si no había suficientes cartas al director, Franklin se las inventaba, y las firmaba con nombres falsos. También le daba más sabor a su periódico con consejos para los despechados.

A él mismo no le iba muy bien en el amor. Durante el tiempo en que vivió con los Read,

se enamoró de Debby. Era la chica a la cual Ben le había parecido tan gracioso cuando llegó a Filadelfia. Cuando Ben regresó de Inglaterra, él y Debby deseaban casarse. Sin embargo, ambos tenían impedimentos.

Ben tuvo un hijo con otra mujer. ¿Quién? A la fecha, aún no se sabe. El bebé nació en 1730 ó 1731, y recibió el nombre de William Franklin. Ben decidió criar al niño.

Mientras Ben estaba lejos, Debby se casó con otro hombre. El hombre dejó a Debby. Se decía que había muerto en una pelea, en una cantina. Sin embargo, no se sabía si esto era cierto. Legalmente, si su esposo estaba vivo, ella no podía casarse nuevamente.

Si lo hacía, podría terminar en la cárcel.

Debby y Ben hallaron una solución. El 1.º de septiembre de 1730, realizaron una boda de derecho consuetudinario. Eso significaba que podían vivir como marido y mujer, sin necesidad de una ceremonia legal. Debby además aceptó tratar a William como su propio hijo.

Benjamín y Deborah tuvieron después dos hijos. Francis Franklin, a quien llamaban Franky, nació en 1732. Murió de viruela cuando apenas tenía 4 años. Sarah, a quien apodaban Sally, nació en 1743.

Como muchas otras familias en la época de la Colonia, los Franklin vivían y trabajaban en la misma casa. Deborah trabajaba con "Pappy", como ella llamaba a Ben. Su trabajo consistía en coser las portadas de los libros que él imprimía.

Con la ayuda de Debbie, Ben se convirtió en el librero con el negocio más grande de las colonias. *The Pennsylvania Gazette* se convirtió en el periódico más importante.

En aquel tiempo eran muy populares los almanaques. Eran folletos que daban el pronóstico del tiempo y otras informaciones para el año

entrante. Ben imprimía almanaques escritos por otros. Más adelante, en 1732, decidió crear su propio almanaque. Se inventó un nombre para

el autor: Richard Saunders. Supuestamente, Richard era un hombre pobre pero adorable. *Poor Richard's Almanac* (El almanaque del pobre Richard) se editó por primera vez en 1733. Franklin continuó publicándolo cada año hasta 1758.

Poor Richard's Almanac se convirtió en el almanaque más popular de Estados Unidos. Vendía 10,000 copias al año. Las razones de su éxito eran dos. Primero, el pobre Richard contaba algo sobre su vida cada año. Leer el almanaque era como ver una telenovela hoy.

La otra gran atracción del almanaque eran los dichos del pobre Richard. En el primer almanaque, se presentó el dicho: "El que mucho habla, poco hace". Los dichos de 1750 incluían: "A pequeños golpes se derriban grandes robles". En 1753, el pobre Richard advirtió que "Con prisa no se logra nada". Muchos de los dichos del pobre Richard siguen siendo populares hoy en día.

En realidad, el pobre Richard (o más bien, Ben Franklin) no inventó muchos de sus dichos. Con frecuencia, lo que hacía era mejorar los viejos dichos. Por ejemplo, había un dicho que rezaba: "Ayúdate que Dios te ayudará". Ben lo cambió a "Dios ayuda a los que se ayudan".

La gente comenzó a usar los dichos del pobre Richard. A un niño quizá podían decirle, después de darle una moneda de un centavo: "Un centavo que se ahorra es un centavo que se gana". A los niños les decían a la hora de dormir: "Acostarse y levantarse temprano hace al hombre sano, rico y sabio".

El pobre Richard enriqueció a Franklin. De hecho, hizo tanto dinero que dejó de trabajar como impresor. En 1748, dejó su imprenta en manos de un socio.

Sin embargo, no se jubiló. Ben apenas tenía 42 años de edad. Todavía había muchas cosas que deseaba hacer. Se sentía como si su vida apenas comenzara.

Capítulo 5
Hacer el bien

"¿Qué significa servir a Dios?", se preguntó el pobre Richard en 1747. Su respuesta fue: "Hacer el bien a la humanidad". Luego de jubilarse de su trabajo en la imprenta, Benjamín Franklin se dedicó a hacer justamente eso.

Siempre le había gustado la ciencia. Le fascinaba la electricidad. Además de su experimento con la cometa, Ben creó una batería eléctrica primitiva. Es más, fue él quién acuñó los términos "batería eléctrica", "choque eléctrico" y "conductor".

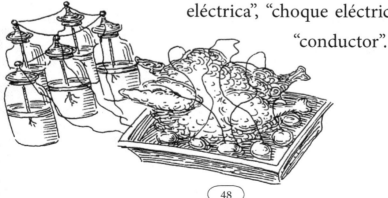

Fabricación de baterías primitivas

Máquina electrostática

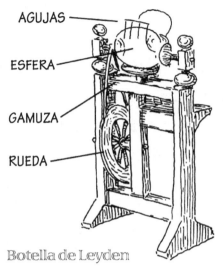

- AGUJAS
- ESFERA
- GAMUZA
- RUEDA

Una esfera de vidrio giratoria va frotando un trozo de gamuza (un tipo de cuero suave) produciendo así electricidad estática. Las agujas de coser transfieren la carga eléctrica desde la esfera hasta botellas de Leyden.

Botella de Leyden

La carga viaja por una vara y unos alambres hasta llegar al agua y la hoja de metal que hay dentro de la botella. En una banda de hoja de metal que hay fuera de la botella, se genera una carga opuesta.

Varias botellas de Leyden conectadas conforman este dispositivo de almacenamiento de carga eléctrica del siglo XVIII.

Una vez, Ben trató de cocinar un pavo tomando la electricidad de unas botellas de Leyden. Por desgracia, tocó los alambres y la corriente lo derribó. Ben dijo, bromeando: "Quería cocinar un pavo, pero por poco mato a un ganso". Aun así, estaba convencido de que algún día se usaría la electricidad para cocinar y para otras labores cotidianas. ¡Por supuesto, tenía toda la razón!

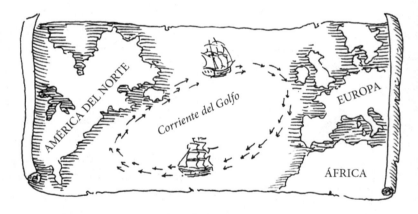

En sus viajes, Franklin se convirtió en el primer científico en estudiar una corriente oceánica poderosa. La llamó la Corriente del Golfo. Ben descubrió que esta corriente podía reducir o aumentar la velocidad de los barcos. Ben se dio cuenta de que la Corriente del Golfo era más caliente que las aguas donde se encontraba. Para encontrarla, los marineros sólo tienen que meter un termómetro en el océano.

Franklin hizo un experimento ingenioso con el calor. Le pidió a un sastre varios retazos de tela, de diferentes colores: negro, azul, verde, morado, rojo, amarillo y blanco. En una soleada mañana de

invierno, colocó todos los retazos sobre la nieve. Luego de un rato, vio que el retazo negro se había hundido en la nieve más que los demás. El blanco fue el que menos se hundió. ¿Por qué? Los colores oscuros absorben el calor del sol más que los claros. Por eso, la tela negra había derretido más nieve que las telas de otros colores. Hoy en día, todavía se sigue el consejo de Franklin. En días cálidos y soleados, la gente usa ropa de colores claros para mantenerse fresca.

Las ideas de Ben respecto a la salud eran muy modernas. En ese entonces, se pensaba que las enfermedades eran causadas por unos vapores extraños que se encontraban en el aire. Todavía no se sabía nada de la existencia de los gérmenes, pero Franklin decía que muchas enfermedades se propagaban de persona a persona. Insistía en que el aire fresco era saludable, y que uno debería dormir con una ventana abierta. Y que deberíamos tomar un "baño de aire" todos los días. Eso significaba sentarse desnudo con las ventanas abiertas, como él mismo lo hacía durante una hora diaria. Ben también aconsejaba hacer ejercicio. Él no sólo nadaba y caminaba, sino que levantó pesas hasta los ochenta y tantos años.

Todo despertaba el interés de Benjamín Franklin. Un día, Ben y su hijo Billy iban a caballo por Maryland. De repente, apareció un tornado. "Tenía la forma de un pan de azúcar rotando sobre la punta; iba subiendo por la colina hacia donde estábamos", escribió Ben. ¿Qué hicieron? ¡Ben cabalgó en dirección al tornado! Billy lo siguió. Avanzaron al

mismo ritmo del tornado por aproximadamente una milla. Sólo se detenían cuando las ramas de los árboles pasaban volando cerca de ellos. Lo que estaban haciendo era peligroso, pero Ben sentía mucha curiosidad.

Ben se preguntó una vez: "¿De qué sirve la ciencia, si no se puede aplicar en algo útil?". Él mismo inventó varias cosas para mejorar la vida de la gente. La más conocida es el pararrayos. Otra de sus creaciones fue la estufa Franklin. Inventó este aparato de calefacción alrededor de 1740. Las estufas Franklin dirigían el calor del hogar hacia la habitación para no dejarlo escapar por la chimenea. Se instalaron en muchas casas.

La estufa Franklin

La estufa Franklin es una caja de hierro que se mete dentro del hogar de una chimenea. Es más eficaz que un hogar abierto, pues produce más calor y reduce el consumo de combustible.

El aire se va calentando al pasar por unas cámaras ubicadas dentro de la caja, y luego sale por los paneles laterales.

CORTE

CÁMARA DE AIRE

Los postes de la luz en aquellos tiempos funcionaban con lámparas de aceite, que solían apagarse muy rápido. Ben decidió diseñar una mejor lámpara. Inventó una con forma cuadrada. En la parte superior tenía una chimenea, por donde salía el humo. Las lámparas de Franklin duraban encendidas toda la noche.

Con la edad, la vista de Ben se fue debilitando. Llegó el momento en que necesitaba dos pares de anteojos. Unos eran para leer. Los otros eran para ver de lejos. Andar pendiente

de dos pares de anteojos era un fastidio. En 1784, inventó los bifocales. En un mismo par de anteojos se combinaban los dos tipos de lentes: los de ver de cerca y los de ver de lejos.

Millones de personas usan anteojos bifocales hoy en día.

A Franklin le encantaba la música. Compuso canciones. Tocaba el violín, la guitarra y el arpa. Hacia 1761, inventó un instrumento nuevo. Dentro de una caja, se hacían girar vasijas de vidrio de diferentes tamaños. El borde de las vasijas se mojaba. Cuando se ponían los dedos sobre las

Armónica de vidrio

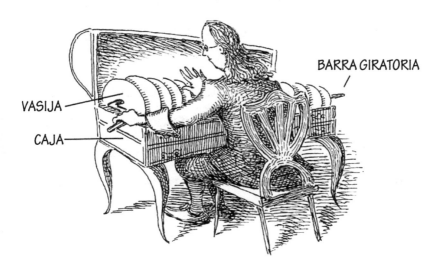

vasijas, se producía música. El nuevo instrumento de Franklin se llamó armónica de vidrio. Se tocó en conciertos en Europa y América durante unos cuarenta años.

Otro de los inventos de Ben fue un brazo artificial. Lo usaba para bajar libros de los estantes más altos de los libreros. El dispositivo se usó más tarde en tiendas de comestibles, para bajar artículos de los estantes superiores.

Sus inventos podían haberlo hecho rico, pero Ben se rehusaba a beneficiarse de ellos. Se explicaba diciendo que "la oportunidad de prestarle un servicio a otros" era suficiente paga para él.

Para Ben, Filadelfia era algo más que el lugar donde vivía. Esta ciudad le fascinaba. Deseaba ayudar a mejorarla de todas las maneras posibles. Eso lo llevó a ser un servidor público.

En los tiempos coloniales, los libros eran caros y era difícil conseguirlos. En 1731, Ben fundó la *Library Company of Philadelphia* (Compañía Bibliotecaria de Filadelfia). Los miembros pagaban una cuota. El dinero se usaba para comprar libros que los miembros podían sacar prestados gratuitamente. Éste fue el primer paso en la creación del sistema de bibliotecas públicas de Estados Unidos.

Los incendios eran muy peligrosos en aquella época, pues las casas eran, en gran parte, de madera. En 1736, Ben fundó la *Union Fire Company*. Fue

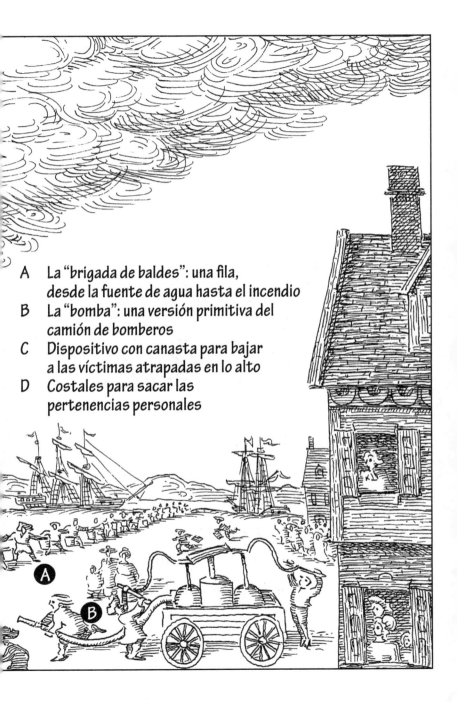
- A La "brigada de baldes": una fila, desde la fuente de agua hasta el incendio
- B La "bomba": una versión primitiva del camión de bomberos
- C Dispositivo con canasta para bajar a las víctimas atrapadas en lo alto
- D Costales para sacar las pertenencias personales

el primer departamento de bomberos voluntarios de EE.UU. Filadelfia se convirtió en una de las ciudades más seguras del mundo en casos de incendio.

Ni siquiera Benjamín Franklin llegó a imaginarse que algún día habría teléfonos, televisores y computadoras. Los colonos se mantenían en contacto gracias al correo; pero éste, con frecuencia, llegaba tarde o no llegaba. Franklin se convirtió en el jefe de la oficina de correos de Filadelfia en

1737. Los funcionarios ingleses se dieron cuenta que era excelente en su trabajo, y en 1753, lo nombraron jefe de correos en funciones para todas las colonias americanas. Ben contrató más carteros y creó nuevas y mejores rutas de correo. La entrega de correo en las colonias mejoró notablemente.

En Filadelfia se necesitaba un hospital y una escuela de enseñanza superior. Nuevamente, Ben dio un paso adelante. Ayudó a fundar la Academia

ACADEMIA DE FILADELFIA

de Filadelfia, que más tarde se convirtió en la Universidad de Pensilvania. El mismo año en que se abrió la Academia —1751—, ayudó a crear el Hospital de Pensilvania. Fue el primer hospital general del país. Hacia la década de 1750, Filadelfia era la ciudad más destacada de las colonias americanas. En gran parte, se debía al trabajo de Benjamín Franklin.

Franklin ingresó a la política en 1736. Fue nombrado secretario de la Asamblea de Pensilvania, el cuerpo legislativo, que se reunía en Filadelfia. Durante 15 años, Ben tomó notas en debates y votaciones. "A la larga, me fui cansando de estar sentado escuchando debates en los cuales, por ser secretario, no podía participar", recordó después. Ben no quería solamente escribir acerca de los acontecimientos. Deseaba tomar parte en ellos. En 1751, lanzó su candidatura para un escaño en la Asamblea, y ganó.

Tres años más tarde, comenzó la Guerra de los Siete Años (1754-1763), en la que se luchó por el control de América del Norte. En un bando estaba Francia y sus aliados indígenas. En el otro, Inglaterra y sus trece colonias americanas. Ben reclutó tropas para apoyar a Inglaterra. Incluso sirvió como general. Con la ayuda de su hijo William, dirigió sus tropas hasta la frontera. Padre e hijo construyeron fuertes y organizaron patrullas para proteger a los colonos. Otros problemas estaban surgiendo.

Pensilvania había recibido su nombre en honor a los Penn, la familia inglesa que había fundado esa colonia. Los Penn todavía gobernaban Pensilvania, pero durante la Guerra de los Siete Años, los colonos se enojaron con ellos. Se quejaban de que la familia no estaba dando suficiente dinero para la guerra. En 1757, la Asamblea de Pensilvania le pidió a Franklin que viajara a Inglaterra. Su misión era conseguir que los Penn dieran más dinero.

Debby se quedó en casa con Sally, que ahora tenía 13 años. William se fue con su padre. Barcos franceses estuvieron a punto de capturar el barco en el que viajaban. Por poco naufragan llegando a Inglaterra. Sin embargo, lograron avanzar en medio de la niebla, y llegaron a Londres en julio.

En ese momento, Benjamín Franklin no se imaginaba que pasaría gran parte del resto de su vida en el extranjero.

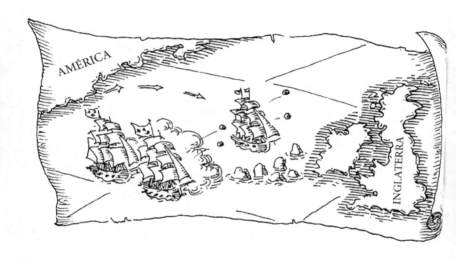

Capítulo 6
La Guerra de Independencia

Los Franklin se mudaron a un apartamento en Londres. Ben llevó a Billy a conocer lugares en donde había estado durante sus años de joven impresor.

Además de ayudar a su padre, Billy estudió derecho en Londres. Se hizo amigo de varios jóvenes ingleses

ricos. Muy pronto, Billy comenzó a lucir más inglés que americano. Ben estaba encantado. Inglaterra gobernaba las colonias. Ben tenía esperanzas de que algún día Billy llegara a trabajar en el gobierno inglés.

A Ben le tomó tres años llevar a cabo su misión. En 1760, el gobierno británico se convenció de que Pensilvania merecía su ayuda. Los Penn tenían que dar más dinero para la guerra. Sin embargo, los Franklin no regresaron a casa de inmediato. Ben estaba disfrutando de la atención de la gente por ser el mayor científico e inventor de América. Billy estaba a punto de conseguir un empleo importante.

En agosto de 1762, el Rey de Inglaterra nombró a William Franklin gobernador real de Nueva Jersey. Al poco tiempo, William se casó con Elizabeth Downes, a quien había conocido en una fiesta. Los recién casados se embarcaron rumbo a América. Se establecieron en Burlington, Nueva Jersey. Ben regresó junto a su esposa y su hija. Burlington estaba a tan sólo 15 millas de Filadelfia. Ben y su hijo se veían con frecuencia.

WILLIAM FRANKLIN
GOBERNADOR DE NUEVA JERSEY

Durante dos años, Ben dedicó gran parte de su tiempo al trabajo del correo. Entonces, surgió un nuevo problema con los Penn. Los colonos querían quitarles el poder sobre Pensilvania. Querían que su colonia fuera gobernada directamente por el Rey. A finales de 1764, Benjamín fue enviado de nuevo a Inglaterra a trabajar por este objetivo.

Llevaba apenas unas semanas en Inglaterra cuando surgió un problema más grave: Inglaterra había ganado la Guerra de los Siete Años, pero el costo había sido altísimo. Inglaterra necesitaba dinero. Como ayuda para reunir fondos, Inglaterra aprobó la Ley del Timbre a comienzos de 1765. La nueva ley les impuso a los colonos un impuesto cada

La Ley del Timbre

TIMBRE

Como ayuda para pagar sus deudas, el gobierno británico creó un impuesto en forma de timbre, o sello. Este timbre, que acreditaba el pago de un impuesto, era un requisito en todas las publicaciones y documentos legales en todas las colonias.

vez que compraban un periódico u otros artículos de papel.

Los ingleses le preguntaron a este famoso colono cuál era su opinión sobre el nuevo impuesto. Franklin se opuso, aunque no de manera muy firme. No sabía que a 3,000 millas de allí, en América, los colonos estaban furiosos por el impuesto. De hecho, había disturbios. Cuando en Filadelfia se enteraron de que Franklin no estaba luchando con todas sus fuerzas contra el impuesto, una muchedumbre amenazó con quemar su casa. William Franklin viajó rápidamente desde Nueva Jersey para llevarse

a Sally. Deborah rehusó escapar. Se preparó para defender su casa con un arma. Por fortuna, los alborotadores se mantuvieron alejados.

Ben se enteró de lo que estaba pasando en su casa. Se dio cuenta de que los colonos querían que hablara por ellos. Decidió expresar el malestar de los suyos, a pesar de que su enojo en realidad no era tan fuerte.

Prácticamente de la noche a la mañana, se convirtió en uno de los principales enemigos de la Ley del Timbre. Envió cartas a periódicos británicos. Participó en debates con legisladores británicos.

El Motín del té de Boston
16 de diciembre de 1773

Para protestar contra el impuesto al té, un grupo de patriotas, disfrazados de indígenas, subieron a bordo de tres barcos británicos y botaron toneladas de té a la bahía de Boston.

Además, a comienzos de 1766, presentó sus argumentos en contra de la ley frente al Parlamento, el cuerpo legislativo de Gran Bretaña. Unos días después, el impuesto fue derogado. Los colonos reconocieron a Franklin por tener gran parte del mérito en lograr esto.

Sin embargo, se comenzó a hablar acerca de nuevos impuestos. Ben sentía que no podía regresar a casa en medio de esta crisis. Además, otras colonias, aparte de Pensilvania, le estaban pidiendo que les ayudara a resolver sus problemas en Inglaterra.

Gran Bretaña, *efectivamente*, aprobó nuevos impuestos, al té y a otros artículos. Al ver que Gran Bretaña cargaba con impuestos a los colonos y enviaba soldados para asegurarse de que se cumplieran sus leyes, Franklin cambió su actitud. Dejó de actuar como un simple vocero de los americanos. Comenzó a sentir un odio verdadero hacia Inglaterra. Les habló con tanto enojo, que los

ingleses comenzaron a llamarlo "el conductor principal" de los rebeldes americanos.

En la víspera de Navidad de 1774, William le escribió a su padre para darle malas noticias. Deborah Franklin, que había sido la esposa de Ben durante 44 años, había muerto de un derrame cerebral. William culpaba a Ben por la muerte de su madre. Creía que su madre se había descorazonado porque Ben llevaba diez años lejos de su casa. Ben sabía que algo de cierto había en ello, pero le dolió que fuera Billy quien se lo dijera. También sabía que él y su hijo habían comenzado a apartarse. Ben estaba luchando por los derechos de los colonos. Billy era el gobernador del Rey en Nueva Jersey. Estaba de parte de Inglaterra.

Ben estaba pasando por un momento muy difícil. Su esposa había muerto. Su hijo estaba enojado con él. Estaban en bandos contrarios en una lucha política enorme. Inglaterra lo culpaba por los problemas con los colonos. Ben decidió que su lugar estaba en su propio país, con su familia. En marzo de 1775, se embarcó de vuelta a casa. El 19 de abril, mientras él todavía estaba en el mar, estalló la guerra entre Inglaterra y las Trece Colonias.

Capítulo 7
La creación de un nuevo país

Ben llegó a Filadelfia al 5 de mayo de 1775. A la mañana siguiente, le pidieron que formara parte del Congreso Continental. Ésta era una reunión de los líderes de las colonias que se iniciaba el 10 de mayo en Filadelfia. Su objetivo principal era ganar la guerra contra Inglaterra.

Con sus 69 años de edad, Ben trabajaba 12 horas diarias en el Congreso. Una de sus tareas era organizar el Servicio Postal de Estados Unidos. Muy pronto, logró que el correo circulara rápidamente entre todas las colonias. Esto era algo crucial: para ganar la guerra, la gente de todas las colonias tendría que trabajar unida.

Sin embargo, otra de sus tareas no salió tan bien.

En la primavera de 1776, lo enviaron con otros tres hombres rumbo al norte, a Canadá. Trataron de convencer a los canadienses de que lucharan del lado de las Colonias. Todo su esfuerzo fue en vano. Peor aún: Ben estuvo a punto de morir por el frío y la tensión del viaje. Sin embargo, regresó a Filadelfia justo a tiempo para participar en el gran debate del día.

SOLDADO CONTINENTAL

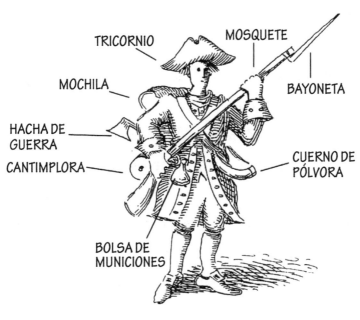

Primeras banderas

Cuando las Trece Colonias entraron en guerra contra Inglaterra, quisieron tener una bandera propia que representara la tierra por la cual estaban luchando. Éstas son algunas de las banderas que se usaron durante la guerra.

¿Deberían las Colonias declarar su independencia de Inglaterra?

Los colonos estaban divididos. Muchos pensaban que la guerra terminaría pronto y que el problema de los impuestos se solucionaría. Después, las Colonias podrían volver a estar bajo el dominio inglés. Sin embargo, otros tantos deseaban liberarse de Inglaterra y formar un nuevo país. Los líderes también estaban divididos. Benjamín Franklin era el líder de los congresistas que deseaban crear una nueva nación.

El Congreso iba a votar para tomar una decisión en julio de 1776. Si la votación resultaba a favor de la independencia, las Colonias tendrían que explicar las razones exactas por las que querían separarse de Inglaterra. El Congreso pidió a cinco hombres que escribieran una Declaración de Independencia. Benjamín Franklin fue uno de ellos. Otro era Tomás Jefferson, de Virginia.

TOMÁS JEFFERSON

Jefferson escribió gran parte del documento. Ben hizo algunos cambios. Por ejemplo, Jefferson escribió: "Sostenemos como sagradas e innegables estas verdades". Ben lo mejoró así: "Sostenemos como evidentes estas verdades". Era una manera más sencilla de decir que algunas cosas son ciertas a simple vista.

El Congreso votó el 2 de julio. Con un poco de presión de Ben, la votación favoreció la independencia de manera rotunda. Las Trece Colonias se habían convertido en Estados Unidos de América. El Congreso aprobó la Declaración dos días después. Desde entonces, los estadounidenses han honrado esa fecha —4 de julio de 1776— como el cumpleaños de su país.

Dicen que cuando se estaba firmando la declaración, Ben hizo un comentario que se volvió famoso. John Hancock era el presidente del Congreso. Quería que todos cooperaran, así que dijo: "Debemos todos permanecer unidos".

Ben respondió: "Sí. Debemos todos permanecer unidos, o con seguridad permaneceremos todos colgados por separado". Lo que quiso decir Ben fue que tenían que trabajar unidos, o de lo contrario

El Congreso Continental

perderían la guerra, y probablemente Inglaterra terminaría ahorcando a todos los líderes.

Ben se sentía feliz por la independencia, pero su corazón estaba oprimido por razones personales. Muchas familias, incluyendo la suya, se estaban dividiendo a causa de la guerra. Ben le rogó a su hijo que renunciara a su cargo como gobernador de Nueva Jersey. Quería que se pusiera de parte de Estados Unidos. Padre e hijo intercambiaron varias cartas. Tuvieron varias conversaciones de corazón a corazón. Ben no pudo convencer a William de que dejara el cargo. Su

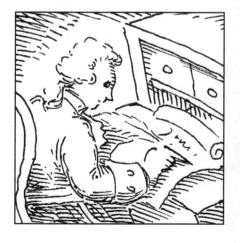

hijo se había convertido en un caballero inglés, tal y como el mismo Ben lo había deseado.

Uno por uno, los gobernadores de Inglaterra en las colonias fueron destituidos. En su lugar se nombraron americanos. William fue expulsado de su cargo. Lo enviaron a prisión, en una celda asquerosa

donde estuvo a punto de morir. Aun así, William Franklin permaneció leal a Inglaterra.

"Nada me ha dolido tanto", dijo Ben respecto al hecho de que su hijo estuviera de parte de Gran Bretaña. Una sola palabra de Ben hubiera servido para que el Congreso liberara a William. Sin embargo, Ben nunca defendió a su hijo. Estados Unidos estaba luchando por su vida. Ben creía que darle un tratamiento especial a su hijo no habría sido justo.

En Gran Bretaña, le tenían más miedo a Benjamín Franklin que a George Washington y su ejército. Corrían rumores de que Ben era un hechicero. ¡Había inventado armas que podían destruir toda Inglaterra! ¡Tenía un dispositivo diminuto que podía convertir los edificios en cenizas!

¡Tenía espejos reflectores que podían quemar toda la armada inglesa! ¡Tenía una "máquina eléctrica" que podía darle la vuelta a Inglaterra como si fuera un panqueque!

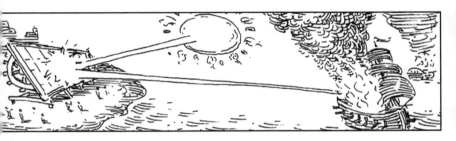

Por supuesto que Ben no tenía semejantes armas, y por un buen tiempo pareció que Estados Unidos iba a perder la guerra. Entonces, en el otoño de 1776, el Congreso envió a Franklin al extranjero en una misión que podría determinar el resultado de la guerra. Su trabajo consistía en convencer a Francia para que ayudara a Estados Unidos a luchar contra Inglaterra.

En Francia, Ben se dio cuenta de que había espías británicos por todas partes. No siempre lograba reunirse con los funcionarios franceses. A veces, tenían que escribir los mensajes en tinta invisible y firmar con nombres en códigos secretos. Sin embargo, al cabo de un año de trabajo, Ben obtuvo lo que había ido a buscar.

Francia se unió al bando americano a comienzos de 1778. La joven nación de Estados Unidos quizás no hubiera podido derrotar sola a Inglaterra. Las

cosas cambiaron cuando Francia entró en el conflicto. El dinero, las tropas, las armas y los barcos franceses ayudaron a Estados Unidos a ganar la guerra por su independencia en 1783. Franklin firmó el tratado de paz que se hizo ese año.

Cuando la guerra terminó, Ben quiso regresar a casa, pero el Congreso le pidió que permaneciera en Francia como vocero del nuevo país. Por fin, en 1785, el Congreso le dijo que podía irse. Aquel verano, Ben viajó a Southampton, Inglaterra, para embarcarse rumbo a casa.

William Franklin había sido liberado antes de que la guerra terminara, y había huido a Inglaterra. William supo que su padre estaba en Southampton. Ben tenía 79 años, y William 44. El padre y el hijo que una vez volaron una cometa en medio de una tormenta se vieron por última vez. Billy quiso hacer las paces, pero su padre rehusó perdonarlo por haberse puesto del lado de Inglaterra.

Ben regresó a Filadelfia en septiembre de 1785. Lo esperaba una jubilación tranquila. Al menos, eso era lo que él creía.

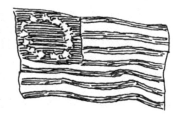

La Campana de la Libertad

Fue fabricada en Londres en 1751 para celebrar la constitución original de Pensilvania de 1701. Al poco tiempo se venció, pero la fundieron nuevamente y la colgaron en el Capitolio Estatal de Pensilvania, donde la hacían sonar para ocasiones especiales. (Esta campana dobló el 8 de julio de 1776, después de la primera lectura en público de la Declaración de Independencia.)

Posteriormente, volvió a vencerse, y dobló por última vez en 1846.

Inscripción:
"Proclame la libertad en todas las partes de la tierra a todos los habitantes de ésta".

Mansión de la Independencia – Capitolio Estatal de Pensilvania

Capítulo 8
Sale el sol

Ben fue recibido como un héroe. Llegó al mismo lugar por donde había entrado a Filadelfia cuando era un adolescente fugitivo.

Esta vez, lo saludaron con cañones, doblaron las campanas, se dieron discursos en honor al hombre que había hecho tanto para conseguir la libertad de

Estados Unidos. Unas semanas después, fue elegido gobernador de Pensilvania.

La nueva nación tenía problemas. El gobierno era débil. No había una moneda nacional. El ejército era muy pequeño. Si no se hacía algo rápidamente, el país no iba a durar mucho.

Algo *se hizo*. Se convocó a una convención para fortalecer el gobierno. Cada estado eligió sus representantes para la convención. Ben Franklin fue uno de los delegados, por Pensilvania. La convención se inició en Filadelfia en mayo de 1787. Sus miembros trabajaron en la creación de un nuevo sistema de gobierno: la Constitución de Estados Unidos.

Con 82 años, Franklin era el delegado más viejo. Cuando había disputas, Ben contaba cuentos divertidos para relajar a los presentes. También ayudó a solucionar un gran problema. Los estados más grandes querían tener mayor poder en el gobierno. Los más pequeños temían no tener mucho poder. Franklin ayudó a idear una solución: en la Cámara de Representantes, los estados más grandes tendrían más miembros que los estados pequeños; pero en el Senado, sin importar el tamaño, todos los estados tendrían dos miembros.

Nueva York

Ben Franklin y los otros padres de la patria firmaron la Constitución el 17 de septiembre de 1787. Mientras la firmaban, Ben señaló la silla en la que se había sentado George Washington. En ella había una imagen del sol. Durante la convención, Ben se había estado preguntado si aquel sol estaría saliendo o poniéndose. Ahora que tenía todas las esperanzas puestas en el país, supo la respuesta: "El sol está saliendo", exclamó.

Durante sus últimos años, Ben vivió con su hija Sally y los siete hijos de ésta. Fue gobernador de Pensilvania hasta 1788. Aquel año cumplió los 82 años, pero según su manera especial de contar, sólo tenía 58. Después de cumplir los 70 años, Ben decidió no envejecer más; de manera que, a partir de ese año, ¡comenzó a contar para atrás!

Uno de los últimos proyectos de Ben fue tratar de acabar con la esclavitud. Fue el presidente de una sociedad antiesclavista. Su último acto público fue la firma de un documento que se envió al Congreso. Era una petición para poner fin a la esclavitud.

A causa de su mala salud, Ben pasó gran parte de sus dos últimos años de vida en cama. Se distraía escuchando a sus nietos repetir sus lecciones escolares. En la primavera de 1790, se puso muy enfermo. Sally le dijo que iba a vivir muchos años más. "Espero que no", respondió su padre. Murió unas horas más tarde, el 17 de abril de 1790, a los 84 años.

Se le rindieron tributos desde diferentes partes del mundo. Se construyeron estatuas en su honor. Se escribieron poemas, artículos y libros sobre él.

En Francia se creó un dicho que se volvió popular: "Le arrebató el relámpago al cielo y el cetro a los tiranos".

Benjamín Franklin se merecía todos los reconocimientos. Logró muchas cosas en su larga vida. Su mayor logro todavía es poderoso: Estados Unidos, el país que ayudó a crear.

Línea cronológica de la vida de Benjamín Franklin

1706 — Nace Ben, el 17 de enero, en Boston, Massachusetts.

1718 — Ben se convierte en aprendiz de su hermano James.

1722 — Ben comienza a escribir usando el seudónimo "Silence Dogood".

1723 — Ben se escapa y va a parar a Filadelfia, donde conoce a Debby.

1724 — Ben se embarca rumbo a Inglaterra.

1726 — Ben regresa a Filadelfia.

1730 — Ben y Debbie se casan.
Nace William, el primer hijo.

1732 — Ben publica *Poor Richard's Almanac* (El almanaque del pobre Richard).

1752 — Ben descubre la naturaleza eléctrica de los relámpagos e inventa el pararrayos.

1753 — Ben es nombrado jefe de correos para todas las colonias americanas.

1766 — Ben habla en contra de la Ley del Timbre frente al Parlamento.

1774 — Muere Debbie, la esposa de Ben.

1776 — Ben ayuda a escribir la Declaración de Independencia.

1783 — Ben firma el tratado de paz entre Inglaterra y Estados Unidos.

1785 — Ben es elegido gobernador de Pensilvania.

1787 — Ben ayuda a escribir la Constitución de Estados Unidos.

1790 — Ben muere, el 17 de abril, a los 84 años de edad.

Línea cronológica del mundo

Se establece Gran Bretaña, con la unificación de Inglaterra y Escocia. — **1707**

Muere William Penn, fundador de la colonia de Pensilvania. — **1718**

Termina la Gran Guerra del Norte, entre Suecia y Rusia. — **1721**

Se inventa el primer termómetro de mercurio. — **1724**

Muere Pedro el Grande, rey de Rusia. — **1725**

Se publica *Los viajes de Gulliver*, de Jonathan Swift. — **1726**

Se inventa el reloj de cuco.
Se fabrican los primeros anteojos enganchados a las orejas. — **1730**

Nace George Washington, primer presidente de EE.UU. — **1732**

China invade y conquista el Tibet. — **1752**

La histórica Campana de la Libertad se instala en la Mansión
de la Independencia, en Filadelfia. — **1753**

Comienza en América la Guerra de los Siete Años. — **1754**

Se descubre el hidrógeno.
Se inaugura en Londres la primera acera pavimentada. — **1766**

Luis XVI se convierte en rey de Francia. — **1774**

Comienza la Guerra de Independencia de EE.UU.
Se funda la ciudad de San Francisco. — **1775**

Se hace la primera demostración de un paracaídas. — **1783**

Nace Jacob Ludwig Grimm, uno de los escritores alemanes autores
de los cuentos de hadas de los hermanos Grimm. — **1785**

Se construye el primer barco a vapor. — **1787**

Comienza la Revolución Francesa. — **1790**

Colección ¿Qué fue...? / ¿Qué es...?

El Álamo	La isla Ellis
La batalla de Gettysburg	La Marcha de Washington
El Día D	El Motín del Té
La Estatua de la Libertad	Pearl Harbor
La expedición de Lewis y Clark	Pompeya
La Fiebre del Oro	El Primer Día de Acción de Gracias
La Gran Depresión	El Tren Clandestino

Colección ¿Quién fue...? / ¿Quién es...?

Albert Einstein	La Madre Teresa
Alexander Graham Bell	Malala Yousafzai
Amelia Earhart	María Antonieta
Ana Frank	Marie Curie
Benjamín Franklin	Mark Twain
Betsy Ross	Nelson Mandela
Fernando de Magallanes	Paul Revere
Franklin Roosevelt	El rey Tut
Harriet Beecher Stowe	Robert E. Lee
Harriet Tubman	Roberto Clemente
Harry Houdini	Rosa Parks
John F. Kennedy	Tomás Jefferson
Los hermanos Wright	Woodrow Wilson
Louis Armstrong	